GNU, KUDU, IMPALA

Marc Silbersiepe

GNU, KUDU, IMPALA

7 Tage Jagd Namibia

Bibliografische Information der Deutschen Nationalbibliothek
Die Deutsche Nationalbibliothek verzeichnet diese Publikation in der
Deutschen Nationalbibliografie; detaillierte bibliografische Daten sind im
Internet über http://dnb.d-nb.de abrufbar.

Satz, Umschlaggestaltung, Herstellung und Verlag:
Books on Demand GmbH, Norderstedt
ISBN 978-3-8370-3981-8

Vorwort

Jagen wollen heißt nicht schiessen müssen.

Eine geliebte Passion macht uns Menschen besonders und unterschiedlich. Ich staune über das Betätigungsfeld von Bergsteigern, Paraglidern, Tauchern, Marathonläufern, Briefmarkensammlern oder Heavy-Metal-Fans.

Aber alle diese Menschen haben eine Passion und leben mit ihr.
Alle diese Menschen dürfen sich deshalb auch über mich wundern. Ich bin seit meinem 6. Lebensjahr Jäger. Dieses habe ich meinem Vater Friedrich E. Silbersiepe zu verdanken, mit dem ich in unseren Revieren Anzhausen, Tiefendorf und Oberveischede zahlreiche gemeinsame jagdliche Höhepunkte erlebte und erlebe. Ich möchte keine Minute missen.

Ich bin ein Jäger, der z.B. nachts alleine im dunklen kalten Wald Stunden in unbequemer Lage verbringt und friert. Ein Jäger, der die Tiere liebt und sie dennoch tot schießt. Der sich nach jeder Erlegung fragt, warum er das eigentlich tut und darf. Der sich gerne tote Knochen an die Wand hängt und das Wildfleisch mit Genuss kocht und verspeist.

Wir Jäger sind auch schon merkwürdig mit unserer Passion …

Ich widme dieses Büchlein meiner Frau Elfi, die mir zum 40. Geburtstag einen Impala geschenkt hat. Ohne dieses Geschenk hätte ich die hier aufgeschriebenen Geschichten so nicht erlebt.

Ihr und meinen Kindern Julia und Tevo danke ich für das Verständnis für meine Leidenschaft
Sämtliche Geschichten sind wahr und so erlebt. Auf ausschmückendes Jägerlatein habe ich bewusst verzichtet, da das wahre (Er-) Leben die besten Geschichten schreibt.

Hagen / Westfalen, März 2009

Null Grad und Nebel

Herbst in Deutschland im Jahre 2007. Meine Gedanken führen mich 40 Grad wärmer nach Afrika, genauer Südwest-Afrika, noch genauer Namibia. Noch vier Wochen und ich bin wieder da. Es wird mein dritter Aufenthalt sein. Was wird mich erwarten?

Das Geburtstagsgeschenk meiner Frau heißt Impala, dieses wirklich schöne Wild, welches mir noch fehlt. Ob es klappen wird? Bis dahin sind noch einige Reisevorbereitungen zu erledigen. Gestört vom Bürotelefon (bei Regen und schlechtem Wetter telefonieren die Menschen häufiger und länger – über die unseligen Flatrates will ich mich lieber nicht auslassen) werden meine Gedanken abrupt 40 Grad wieder kälter. Zur Einstimmung summe ich die Melodie zu »Hart wie Kameldornholz ist unser Land ...« vor mich hin. Vor über 20 Jahren habe ich das Lied zum ersten Mal gehört, als ich in der Hitze Namibias am alten Fort Namutoni in der Etoscha-Pfanne stand. Hier ist es und bleibt es winterlich kalt. Heute abend mache ich mir den Kamin an.

Noch 3 Wochen

Termine hetzen an mir vorbei. Irgendwie muss ich mir mal langsam Gedanken über die Reisevorbereitungen machen. Auf jeden Fall werde ich mir noch Munition kaufen müssen inklusive Probeschuss auf der Schießbahn. In meinem Sauerland – Revier bereitet sich alles auf den Winter vor; die Sauen knacken Eicheln, die dieses Jahr zahlreich vorhanden sind und bleiben im Wald. Das Rehwild kommt nur noch nachts – bilde ich mir jedenfalls ein oder mit anderen Worten: bei den letzten

Ansitzen habe ich nichts gesehen. Die Sommerzeit ist zurückgestellt und es wird einfach nicht mehr hell. Was freue ich mich auf Landschaft, Tiere, Freundschaft, Sonne.

Noch 2 Wochen

Eine Trauerfeier im Nachbarort. Gemeinsam mit meinem Vater, der mir die Jagdpassion in die Wiege gelegt hat, nehme ich teil. Viele Menschen sind hier, kam der Tod des Verstorbenen doch früh und heftig. Wenn nun der Sarg eines guten Bekannten in einem halben Meter Entfernung nach der Trauerfeier aus der Kirche herausgetragen wird, ist einem die Endlichkeit des eigenen Lebens niemals näher. Was hätte er vielleicht noch alles vorgehabt? So viele Trauernde bei einer Beerdigung habe ich tatsächlich bisher noch nicht erlebt. Hunderte folgen dem Sarg an diesem trüben Novembertag. Tod und Leben ist eins – gerade wir Jäger wissen dies. Ich nehme mir vor, mich nicht mehr über so viele Nebensächlichkeiten aufzuregen. Man muss (sich bemühen) jeden Tag zu genießen – auch jeden Alltag.

Heute habe ich bei meinem Doktor angerufen und will nur kurz per Telefon wissen, ob mein Impfschutz noch ausreichend ist. Manchmal gibt es ja in Afrika so lästige Krankheitsmöglichkeiten. Die freundliche Arzthelferin am Telefon empfiehlt mir ein persönliches Gespräch beim Doktor mit Vorstellung des Impfpasses (ich denke nur: Praxisgebühr!). Es ist eigentlich noch viel zu tun – in 12 Tagen geht es los.

Rückruf des Doktors, 12 Tage vor Abreise die Impfungen zu checken sei aber ziemlich spät, meint er. Ich entgegne, dass sei doch besser als 12 Tage nach der Rückkehr. Ist aber wohl noch alles soweit geschützt.

8

09. November

Wieder dieses mich faszinierende historische Datum. Was ist an diesem Tag alles positives wie negatives passiert. 1918, 1923, 1938, 1989. Dieses Jahre gehen mir durch den Kopf. Der geschichtlich interessierte Leser, wird die Ereignisse zuordnen können. Ein Schicksalsdatum der Deutschen? Auch mein Schicksalsdatum. Hochzeitstag meiner Eltern. Mich hätte es wahrscheinlich sonst nicht gegeben.

Heute haben wir eine Sturmflut an der Nordsee, der Rotterdamer Hafen ist gesperrt, Schneefall in den Hochlagen von Sauerland und Eifel (vielleicht sollte ich doch noch kurz im Revier gucken...), aber auch Jahrestag der deutschen Einheit.

Auf allen Internetportalen Videos von damals, dem Sommer vor dem 09.11.1989. Ein Vater flüchtete mit seinem Sohn auf der Schulter (der im Alter meines Sohnes ist) in die westdeutsche Botschaft in Prag. Dann fiel die Mauer in Berlin, das Volk stürmte an und über die Grenzen und der Stasi-Staat war machtlos. Die Grenzbeamten ließen die Menschen durch, stempelten aber die Ausreisestempel auf die Passbilder, so dass jeder gebrandmarkt und keiner wieder zurückkehren können sollte. Bis zur letzten Minute blieb das Regime bürgerfeindlich.

An Namibia dachten damals sicher wenige Ostdeutsche. West-Berlin war das Ziel. Welche Freude, welche Euphorie, welches kluge Nutzen einer historischen Chance durch die damaligen Politiker. Freiheit – wir Jäger wissen das nur zu gut – ist das einzige, was zählt.

Ist Namibia ein freies Land? Sind wir ein freies Land? Wie frei bin ich?

19. November

Mit der Flugverbindung habe ich ungewollt Glück. Ich habe den Direktflug erwischt von Düsseldorf nach Windhuk mit der LTU. Meine Jagdwaffe habe ich per Fax vorangemeldet. Telefonische Nachfragen bei der LTU ergaben einen super Tipp: 30 Stunden vor Abflug kann man kostenlos im Internet einen Internet-Check-Inn durchführen. Der Sitzplatz kann online reserviert und die Bordkarte am heimischen Computer ausgedruckt werden. So etwas kannte ich bisher nur vom Kino. Faszinierende weltumspannende Internettechnik – bei allen Gefahren jede Menge Chancen. Etwas skeptisch fahre ich nach Düsseldorf, ob ein Flug ohne Tickets mit Bordkarte vom Hauscomputer und Waffe im Gepäck wirklich funktioniert?

LTU fliegt von Flugsteig C in Düsseldorf ab. Eine schnelle Verabschiedung meiner Familie, da der gierige Parkwächter schon nach abzuschleppenden Autos sucht. Durch Stau (wie üblich nachmittags im Ruhrgebiet) schon eine Stunde verloren. Waffe raus, Koffer raus und nach hektischem Blick auf den Monitor das Erkennen einer langen Abfertigungsschlange vor dem LTU Schalter. Male als Ziel – Male auf den Malediven, wer da so alles hinfliegt. Aber auch Windhuk erscheint auf der Abfertigungsschalteranzeige. Ich bin bei der richtigen Schlange. Jetzt will ich die Wirksamkeit des Internet Check Inns testen. Hier war der Tipp nach einem »Internet Drop Inn Schalter« – immerhin heißt es noch Schalter und nicht counter – zu suchen und, wenn man diesen nicht findet, bei Business Class einzuchecken. Natürlich finde ich nur Business.

Lässig schlendere ich mit meinem Waffenkoffer und meinem stark übergewichtigen Koffer an der Maleschlange vorbei zum völlig freien Business Schalter. Business fliegen halt ziemlich wenige, sowohl nach Male als auch nach Windhuk- mit anderen Worten: keine Schlange, nur die Abfertigung eines Mitte der Fünfziger Silver Ager Pärchens, vermutlich im Vorruhestand, den siebten Urlaub dieses Jahr antretend. Und nun bin ich dran, als Holzklassedurchschnittbilligflieger werde ich nun Business mäßig höflich und zügig abgefertigt. Meine Homeboardingcard wird freundlich geprüft und in eine echte ersetzt und schon bin ich abgefertigt. Die freundliche Business-LTU Bodenstewardess ruft nun die Deutsche Bundespolizei, da es ja hier jetzt um Waffen geht. Zwei weitere Jäger gesellen sich zu mir und wir warten auf den Obrigkeitsstaat. Zwei bundespolizeiliche Bundespolizeibeamte schlendern heran, lassen sich Waffenbesitzkarte und Waffe zeigen und begleiten mich höchstpersönlich zum Sperrgepäckschalter. Hier werde ich darauf hingewiesen mein Zielfernrohr aus dem Handgepäck herauszunehmen und im Koffer mit aufzugeben. Das tue ich dann auch und in meinem Handgepäck befindet sich nur noch Literatur. Bin mal gespannt, wann das erste Flugzeug mit einem Buch entführt wird (Thema: Hallo Pilot, wir fliegen jetzt nach Afghanistan oder ich lese was vor), dann kommen Bücher auch nur noch im Koffer mit. Na ja völlige Sicherheit gibt es wohl nur bei Nacktflügen ohne Gepäck – ist doch auch eine reizvolle Idee. Die Male – Reihe guckt nun arg neidisch, dass ich gut gelaunt zur Sicherheitskontrolle gehen kann, während die armen Sonnentouristen immer noch nicht abgefertigt sind. Bei der Sicherheitskontrolle trete ich wieder dem Gedanken Nacktflug entgegen, denn ich ziehe meine Schuhe aus, lege meinen Hosengürtel ab, leere meine Hosentaschen u.s.w. Was soll es – wie auf der Jagd so gilt auch hier: Sicherheit geht vor. Ein streng blickender Passkontrollenschaltereinweiser weist mich dem Schalter Nummer 5 zu. Ein streng blickender Bundespolizeipasskontrollbeamter zieht meinen computerles-

12

baren Pass durch seinen Computer und wahrscheinlich werden ihm gerade sämtliche Parkverstöße der letzten 10 Jahre von mir angezeigt. Jedenfalls sind meine Vergehen wohl nicht so schwerwiegend, dass ich in Deutschland bleiben müsste. Ich, der gläserne erneut registrierte Bürger, darf weiter gehen. Am Gate angekommen bestelle ich mir erst mal ein Bier.

Das Einchecken verzögert sich. Offensichtlich wartet man noch auf Zubringerflugzeuge, wahrscheinlich auch auf die Maschine aus München, die dort die Leute eingesammelt und nun zum Anschlussflug nach Düsseldorf geflogen hat, um dann wieder fast über München nach Afrika zu fliegen. Bei Belegen meines Fenstersitzplatzes sucht mich die erste Überraschung heim, Platz 15 K, einen Platz nach dem Notausgang, von mir mit Akribie und Liebe ausgesucht, als Fensterplatz zum Anlehnen in der Nacht und zum Gucken bei Tag, hat kein Fenster. Mist, nicht aufgepasst in der Flottenübersicht der Bordzeitung erkennt man bei genauem Hinsehen tatsächlich: kein Fenster, naja wenigstens kann ich mich anlehnen. Auf meinem Nachbargangplatz (ich hatte gehofft dieser bleibt frei, da 60 Plätze in der Maschine nicht besetzt sind) nimmt ein übergewichtiger Österreicher Platz und drängt mich an die fensterlose Kabinenwand. Mist, das wird ja eine tolle enge Nacht. Hätte ich mal nicht nur Business eingecheckt, sondern auch mal Business gebucht. Aber dafür war ich zu geizig. Das Flugzeug rollt an, der Österreicher springt auf, wechselt den Gang und kommt neben einer namibischen Mulattenschönheit zu sitzen, die er gleich in ein Gespräch vertieft, neben der der Platz freigeblieben ist. Hab ich eine Sahne, der Platz neben mir bleibt nun frei und bei heftigen Turbulenzen über dem schönen Sauerland (Kyrill lässt grüßen) richte ich es mir gemütlich ein. Schräg neben mir schreit ein Baby, höchstens 6 Monate alt auf dem Schoß seiner Mutter. Ich hatte es vermieden, mit meinen Kindern in dem

Alter zu fliegen; das Baby schreit und schreit, man merkt ihm den Stress förmlich an. Müssen Eltern ihren Kindern so einen Flug zumuten? Müssen Kinder ihren Eltern diese Schreierei zumuten? Na ja was soll es, der gewonnene Platz freut mich mehr. Ich höre Bordmusik, Klavierkonzert von Beethoven Es-Dur – göttliche Musik. Man konnte vorher Kopfhörer kaufen für 2 €, Bier kostet auch 2 € – ich zahle und trinke und werde müde (das Baby übrigens auch). Die Mulattenschönheit tut so als verstände sie kein österreichisch. Hierrüber frustriert, steigt der Alkoholkonsum beim Österreicher beträchtlich. Hoffentlich kommt der nicht wieder.

Ankunft in Windhuk. Gesellschaft Ihr bessert euch, kein frenetischer Applaus für den Kapitän nach geglückter Landung. Bei mir klatscht schließlich auch keiner, wenn ich meinen Job ordnungsgemäß erledige. Nach Erreichen der Parkposition das Übliche – alle springen auf, stehen gedrängt im Gang der Maschine und wollen nur noch eins: raus aus dem Flugzeug. Trotz ausgestellter Triebwerke tut sich nichts, weder öffnen sich die Türen noch zeigt sich Rollfeldaktivität. Auf dem großen Windhuker Flughafen befindet sich keine andere Maschine als die Unsrige. Dann erschallt die Lautsprecherdurchsage: »Hier ist ihr Kapitän. Wir sind hier jetzt in Afrika, offensichtlich parken wir dort, wo wir nicht parken dürfen. Bitte nehmen Sie wieder Platz und schnallen Sie sich an.« Um mich herum Unruhe. Falscher Flughafen? Hat der Kapitän sich verflogen oder nur verparkt? Mogadischu statt Windhuk? Brav klicken unsere Sicherheitsgurte in den Verschlüssen und wir bereiten uns zum Start vor. Die Triebwerke werden für viele Euro Spritverbrauch wieder angelassen und wir rollen 10 Meter (!) geradeaus, dann werden die Maschinen wieder ausgestellt und die Türen geöffnet. Offensichtlich fürchtete sich der Kapitän vor dem namibianischen Strafmandat für Falschparken eines

14

Flugzeuges auf einem Flughafen mit einer Flugbewegung am Tag. Afrika da bin ich wieder...

Der Vorteil meines fensterlosen 15 K Sitzes besteht auch darin, das Flugzeug schnellstens verlassen zu können, was dazu führt, daß ich bei der Passkontrolle als Nummer 3 eintreffe. Da ich brav meine Einwanderungserklärung bereits im Flugzeug ausgefüllt habe, ist die Einreise schnell erledigt. Diese Vorgehensweise kann ich nur empfehlen. Kommt man nämlich spät aus dem Flugzeug, um sich der langen Schlange anzuschließen, kann die Einreise Stunden dauern. Schließlich ist auch genug Platz für die Stempel in meinem Reisepass, so dass die namibianischen Einreisestempler und auch die Einreisecomputer keine Probleme mit mir haben. Das ist wichtig, denn das Lieblingserbe der Kolonialzeit ist Bürokratie. Das klappt heute hier noch ganz ausgezeichnet und die bunten Uniformen der Staatsbeamten sind auch ganz hübsch. Noch viel wichtiger als bei uns sehen hier die Beamten aus und noch viel langsamer als bei uns wird hier obigkeitsstaatlich gearbeitet. Freunden von mir wurde vor einem Jahr die Einreise fast verweigert, da der Pass vollgestempelt war und die freie ungestempelte Seite zu klein war, um den großen Visumstempel unterzubringen. Das ist ein echtes Problem für so einen Einreisestempelbeamten. Nur ein Noteinsatz der Botschaft mit Ersatzpapieren, die genügend Stempelplatz hatten, konnte die Rückführung mit dem nächsten Flugzeug verhindern.

Die Waffenausgabe gestaltet sich allerdings wider Erwarten zügig. Feindliche Übernahmen werden wohl nicht erwartet. Und immerhin nutzt der Polizeibeamte recht innovativ und mitdenkend die Zeit des Wartens auf die Waffenauslieferung mit dem akribischen Ausfüllen (und Stempeln, wobei er komischerweise erst stempelt und dann ausfüllt) des hoch wichtigen Waffeneinfuhrdokuments. Die Waffennummer wird vorgelesen und ich kann nach Empfang meines Koffers meinen lieben Freund und corpsstudentischen Leibfuchs J. und seinen Sohn herzlich begrüßen, die mich beide schon sehnlich erwartet hatten.

20. November – Tag 1

Gewitter und ein komisches Tier

Wir fahren vom Flughafen Richtung Südosten. Die Jagdfarm befindet sich nicht einmal 100 km vom Windhuker Flughafen entfernt. Diese Lage macht die Farm auch für nichtjagende Gäste, die von hier aus auf Tour gehen oder wiederkommen, interessant. Ziemlich lange fahren wir Teerstraße, dann zweigen wir auf die geschotterte Pad ab; Auf der Fahrt sehen wir Warzenschweine und Affen. Am Abzweig zur Farm wollen wir auf J. Schwester warten, um deren Tochter mitzunehmen. Plötzlich hält das in 20 Minuten Wartezeit einzige vorbeifahrende Fahrzeug an der Kreuzung. Mitten auf der Kreuzung quatschen wir mit dem Nachbarfarmer auf Deutsch, da er ebenfalls deutschstämmig ist. Kurze Zeit später kommt J.'s Vater mit zwei Freunden aus Österreich (nein, glücklicherweise nicht der aus dem Flugzeug) und gesellt sich zu uns. Er öffnet die Kühlbox und wir trinken ein kühles vormittägliches Bier auf der Straßenkreuzung in Namibia und tauschen Neuigkeiten auf deutsch aus. Das sollten wir mal zuhause machen. Wir sturen gehetzten Großstädter sollten überhaupt mal mehr Gastfreundschaft und Herzlichkeit mit unseren Mitmenschen teilen. Wir fahren weiter und betreten die unendlichen Jagdgründe. Die Wolken werden mehr und es könnte Regen geben, den hab ich wohl von Zuhause mitgebracht. Für die hiesige Natur wäre das ein Segen, da es dieses Jahr sehr wenig geregnet hat. Tatsächlich wird es immer dunkler und die ersten Gewitterblitze kommen. Hier in Afrika ist die Natur immer irgendwie gewaltiger, die Sterne sind näher, die Sonne ist heißer und auch die Gewitter sind heftiger.

Das geräumige Zimmer wird von mir schnell bezogen, wobei es mir überhaupt nichts ausmacht, aus dem Koffer zu leben. Also hänge ich auch nichts ordentlich auf. Wozu auch? Fernglas und Waffe sind schnell am Mann und schon fahren wir in den Busch. Dem Zielfernrohr scheint der Kofferbesuch äußerlich nichts ausgemacht zu haben. Ich bitte J. zur Vorsicht einen Kontrollschuss durchzuführen. Da ein solcher auf dieser Farm richtigerweise obligatorisch ist, schlagen wir den Weg zur Schießbahn ein. Zur Freude aller namibianischen Farmer geht in diesem Augenblick ein heftiger Gewitterregen nieder. Eine Rauchsäule am Horizont deutet auf ein Buschfeuer hin, die hier beinahe an der Tagesordnung sind. Das letzte große Buschfeuer, dass ich vor einem Jahr erlebte, ist mir noch in guter Erinnerung. J. kam erst spät in der Nacht vom Löschen nach Hause. Zuvor rückte er mit Feuerwehrspritze und Löschwasser und zahlreichen Helfern aus. Feuer bedrohen hier Existenzen und Tiere noch viel heftiger als bei uns. Und auch das Selbstlöschen und Bekämpfen ist eine rechte Last, erst recht, wenn man wie selbstverständlich weit entferntes Nachbarfarmland mit löscht und schützt. Die Nachbarn werden es aber einem danken bei jedem Feuer auf eigenem Grund.

Wir wählen hingegen bloß 112 und es wird sich professionell gekümmert.

Ob man mit und bei jägerischen Profis jagt, merkt man schnell an kleinsten Details. Die gewissenhafte Kontrolle des Ladezustandes der Waffen gehört hier genauso dazu, wie die Überprüfung der Schussleistungen. Schlechte Schüsse können immer geschehen und nicht nur aus Jagdfieber. Sie gehören als notwendiges Übel zur Jagd dazu, wie in meinem Sauerlandrevier die Jogger und Spaziergänger. Wenn aber schlechte Schüsse erfolgen, da die Schützen zu faul oder zu dekadent oder beides sind, um einen Probeschuss zu machen, habe ich dafür kein

18

Verständnis. Probeschüsse auf Wildtiere sollten jedenfalls verboten werden.

Der Anschusstisch lässt auf der Schießbahn eine ruhige Auflage zu. In guten 100 m Entfernung steht die frisch abgeklebte Anschussscheibe. Der Probeschuss ergibt 4 cm Hochschuss, genauso hatte ich meinen Steyr-Mannlicher Repetierstutzen auch eingeschossen. J. macht auch noch einen Schuss mit meiner Waffe, gleiches Ergebnis, 3 cm auseinander. Es kann losgehen mit der Erkenntnis, dass jeder kommende schlechte Schuss dem eigenen Unvermögen zuzurechnen sein wird und nicht der Waffe.

Die ersten Tiere werden von uns gesichtet. Eine Elandherde, Kudus, Oryxherden und immer wieder Warzenschweine, diese urigen Viecher, mit großen Warzen und großen Zähnen sowie relativ geringem Wildpret.

Plötzlich stoppt J. ab. Eine Herde Gnus galoppiert in einiger Entfernung neben uns her. »Magst Du einen Gnu für die Küche schießen?« fragt mich J. Sofort bin ich Feuer und Flamme, obwohl ich beim Anpirschen noch überlege, welches Tier der liebe Gott wohl mit Gnus zu schaffen beabsichtigte. Vorne wie Kühe und hinten wie Pferde. Die erste Erkenntnis eines bisherigen nicht Gnu-Jägers lautet: Alle haben Hörner. Also heißt es erstmal männliche und weibliche Tiere unterscheiden zu lernen. Hinter den einzelnen Büschen deckungssuchend hin und herspringend, bringt J. mich auf 100 Meter Schussdistanz an die Herde heran. Diese hat uns natürlich schon längst spitz und äugt geschlossen zu uns. Die Gnus stehen herdenmäßig schön hintereinander, sodass ein Schuss nicht zu verantworten ist. J. flüstert mir zu: »Nimm die erste, wenn die anderen sie freiziehen.« Beim Auflegen auf das von J. vorbildlich ausgerichtete Dreibein repetiere ich durch und sehe die Herde im Fadenkreuz. Es dauert nur wenige Sekunden bis die hinteren Herdenteilnehmer unruhig werden und schnellen Schrittes fortziehen.

Eine junge Gnukuh (mit Hörnern) ist noch etwas länger neugierig. Im Schuss zeichnet sie deutlich, wirft sich nach hinten herum und stürmt mit der Herde davon. Ich war gut abgekommen und hatte hinsichtlich meines Schusses eigentlich ein gutes Gefühl. Aber Gnus sind auch unglaublich Schusshart. Wir warten 5 Minuten und gehen der Fährte hinterher. Esa, unser schwarzer Jagdbegleiter, hat sofort die Fährte aufgenommen. Ich bin immer wieder fasziniert von den einheimischen Jagdhelfern. Sie sehen Wild, wo ich im entferntesten nichts sehe, sie sehen Spuren, wo ich keine sehe, sie sehen Schweiß, wo ich keinen sehe, eigentlich sehen sie alles und ich in der Steppe nichts. So sieht Esa natürlich auch das Gnu als erster, als ich immer noch nichts sehe. Mit gutem Hochblattschuss ist es nur ca. 80 Meter weit gegangen. Es ist eine junge, nicht führende Kuh, also so ähnlich einem Schmalreh mit Hörnern. J. überreicht mir in guter alter deutscher Tradition den Schützenbruch mit einem herzlichen Waidmannsheil. Das klappt ja prima. Spannende Pirsch mit schnellem, guten Schuss und ohne lange Nachsuche. Die schwarzen Farmarbeiter freuen sich über eine neue Fleischportion und auch ich kann nach späterem Erleben nur jedem empfehlen Gnu-, Oryx oder ganz besonders Kudufilet zu probieren. So stehe ich nun bei meinem ersten Gnu und falte mein Klappmesser auseinander, in Gedanken, den Schuss noch mal Revue passieren lassend. Da liegt sie nun meine erste Gnukuh. Gut für die Küche und so undekorativ sind die Kuhhörner auch nicht. Wird sich sicher schon ein Stück Wand für sie finden lassen. Über meinen Aufbrechwunsch kann J. nur schmunzeln. »Dass machen wir hier

20

anders,« sagt er und wuchtet mit der Seilwinde den Wildkörper auf den Pickup. »Aufgebrochen wird zuhause!« klärt er mich auf und murmelt etwas von »sowieso zu kleinem Messer« oder so. Auf der Farm wieder angekommen staune ich über die professionelle Wildverarbeitung. Ein eigenes Schlachthaus mit Seilwinden, ein großes Kühlhaus, Edelstahlküchen, zwei angestellte Schlachter. Auch hier nur Profis am Werk. Ich würde wohl einen Tag zum Zerwirken eines Gnus (mit natürlich großem Messer) brauchen. Diese Profis schaffen das in einer Stunde. J. säubert noch kurz den Geländewagen mit einem leistungsstarken deutschen Hochdruckreiniger und rasch sitzen wir auf der geräumigen Terrasse der Lodge und genießen beim kühlen Bier den grandiosen Blick. Trotz »Jetlag« durch Flug und unbequemen, wenigen Schlaf schon am ersten Tag Waidmannheil gehabt. Mit mutigem Anpirschen und gutem Schuss – so macht Jagd Spaß.

21

21. November – Tag 2

Der irre Jagdtag

Auch nachts ist Afrika anders. Geräusche, Gerüche, nahe tausende Sterne am Himmel, ein Kreuz des Südens, das seinem Namen alle Ehre macht, Wild nahe der Häuser und manchmal auch kleine tierische Besucher auf den Zimmern. Ich schwitze in der ersten Nacht und bin so früh wach, dass ich den Sonnenaufgang vor dem Zimmer genießen kann. Ein reichhaltiges Frühstück lässt die Vorfreude auf den kommenden Jagdtag größer werden. Ob wir heute den Impala sehen, für den ich ja eigentlich extra angereist bin? Um 9 Uhr geht es los. Nicht weit entfernt der Strasse kreisen Aasgeier am Himmel. Für J. ein untrügliches Zeichen. »Wir sollten da vorbeisehen«, schlägt er vor. Tatsächlich ein totes Schaf sorgt für den Zuflug dieser hässlichen aber wohl auch nützlichen Vögel. Nach dieser Kontrolle begeben wir uns auf weitere Pirschfahrt, nun an einem Zaun entlang, der an die Schotterpad grenzt. Plötzlich sehen wir ein Warzenschwein über die Pad durch den Zaun auf J.'s Farmgebiet einwechseln, also so aus dem »feindlichen« wie man hier wohl sagen würde. J. ruft schon, ich solle mich schussfertig machen. Obwohl eigentlich nicht vom Auto bei J. gejagt wird, soll ich ausnahmsweise vom Auto schießen, da der Keiler uns längst bemerkt hat und sich bereits im Busch zu verdünnisieren versucht. Schnell repetiere ich durch und habe ihn auch im Zielfernrohr, leider für mich ungeübten relativ weit entfernt. J. stoppt abrupt das Auto und macht den Motor aus. Esa zeigt mir nochmals die Richtung und flüstert »schießen, schnell!«. Für eine Sekunde bleibt der Keiler vor einem Dornbusch stehen und verhofft. Ich steche ein, halte die Luft an. Mein Gehirn sagt: »Jetzt! Schießen!«, während meine Augen, im Bruchteil

22

der Sekunde als ich den Finger krümme, sehen, dass der Keiler einen Schritt nach vorne macht. Mist. Das Kommando ans Gehirn, den Finger wieder zu strecken und das Ziel neu zu erfassen, kommt zu spät. Donnernd knallt der Schuss durch die Savanne. Der Keiler krümmt sich und geht ab. J. repetiert seine Waffe und ruft: »Sofort hinterher, schnell, wir müssen laufen, Keulenschuss!« Ich fluche und ärgere mich über mich selbst. Nun beginnt das Jogging-Programm; nach zwei Minuten stöhne ich über meine 2 bis 8 kg Übergewicht. J. hat den Keiler noch fest im Blick, ich sehe nur noch an mir vorbeifliegenden Sand mit Dornbüschen. Plötzlich stoppt. J. Auf ca. 30 Metern sehen wir den Keiler unter einem Busch liegen; er ist dort eingefahren. J. faltet sein Dreibein auseinander. »Komm hier Fangschuss, schnell!« Ich repetiere, lege an, sehe den Keiler, bin total durcheinander, versuche aufs Blatt zu zielen, er setzt sich wieder in Bewegung, der Schuss bricht. »Waidwund« zischt Jochen, hinterher. Wieder verfolgen wir das Schwein, wobei mir die Wucht der Waffen des Keilers immer klarer wird. Solch einen kapitalen Keiler hatte ich lange nicht gesehen. »Schieß noch mal« ruft J. mir zu, das Dreibein wieder auffaltend. Ich habe noch eben Zeit, das Zielfernrohr abzunehmen, da wir nur noch zwanzig Meter weg sind und ich nun über Kimme und Korn schießen will. Der Keiler dreht nun auf uns zu – der will uns doch wohl nicht annehmen? Ich schieße freihändig. Hochblatt, der Keiler fällt um und bläst. »Ist o.k.«, sagt J. und wundert sich, dass ich schon wieder repetiere. Als der Keiler noch mal versucht, auf die Beine zu kommen, schieße ich noch mal. Schließlich sind hier keinerlei Sauerländer Fichten, auf die ich im Falle des Annehmens klettern könnte, in der Nähe. Erneut Blattschuss und wahrscheinlich völlig überflüssig. Ich bin fix und fertig. Der Keiler liegt am Boden und J. in meinen Armen. Ich hasse diesen Nahkampf. Ich schäme mich für meinen ersten Schuss, der zweite war auch keine Großtat, und

23

fühle mit der Kreatur, die ich so gequält habe. Was gibt mir das Recht dazu, zu diesem Töten mit vorherigen Quälen? Dass ich ein Mensch bin und zufällig kein Warzenschweinkeiler? Ist es das »göttliche Recht«, die Erde und damit auch die Tiere sich untertan zu machen?

Ich setzte mich erstmal in den Sand und halte glücklich und traurig Totenwache neben diesem uralten hochkapitalen Keiler. Am Rande raunt mir J. noch »Goldmedaille« zu, was mir eigentlich im Moment ziemlich egal ist. Hauptsache die Jagd konnte noch erfolgreich beendet werden. J. holt den Wagen und wir fahren, nachdem der Keiler im Pick-Up aufgeladen wurde, weiter. »Bestimmt 10 Jahre oder älter, super!« grinst J. mich an. Auf die Wildpretwaage bringt er später 29 kg. Im Sauerland ein besserer Frischling. Aber die Keilerwaffen haben es in sich. Alle Zähne komplett erhalten. »Nimm den ganzen Schädel«, sagt J. und so verfahren wir auch. Heute steht der

24

Keilerschädel zuhause auf meinem Schreibtisch. Backenzähne sind fast nicht mehr vorhanden. Das Alter dieses Keilers ist deutlich zweistellig. Der Schädel mit den wuchtigen Eckzähnen ist eine Trophäe, die mich mein Leben lang an diesen ungerechten Nahkampf erinnern wird. Viel eindrucksvoller als die Präparation der Waffen auf einem Holzbrettchen.

Nach solch einem Erlebnis, fahre ich meist nach Hause und genieße das Erlebte. Mir ist nichts mehr zuwider als bumm-bumm-bumm. Eine Kreatur am Tag, finde ich, ist völlig ausreichend. Als ich mal zwei Böcke in der Blattzeit von einer Kanzel erwischte, kam ich mir schon wie der totale Schiesser, Mörder und Abschlachter vor. Nun gut. Heute ist Jagdurlaub und wir suchen ja eigentlich einen Impala. Also wollen wir auch weiter Jagen. Die Farmgebiete werden bergiger, der Geländewagen muss schon einiges aushalten. Esa klopft aufs Autodach und ruft plötzlich »Keiler, Hinkebein!«. »Den kenn ich«, sagt J., »das versuche ich jetzt.« Esa und J. tauschen die Plätze. Weit entfernt sehe ich ein Warzenschwein. Vermutlich noch eins, denke ich, denn das sind bestimmt 250 Meter. Als ich das Wort Meter noch nicht zu Ende gedacht hatte, erschreckt mich der laute Knall und genau dieses Schwein fällt tot um und liegt ordentlich am Anschuss. Teufelskerl. Auf eine Entfernung, bei der ich Sauerlandjäger mein Spektiv raushole, bannt J. Hinkebein auf den Fleck. Wir fahren hin. Ein uralter Keiler, etwas schwächer nur als meiner, mit einer deutlichen Hinterlaufverkürzung um ca. 7 cm zum anderen Hinterlauf. Ein super Hegeabschuss. Jetzt überreiche ich den Bruch und strahle mit J. um die Wette. »War der nicht ein wenig weit?« frage ich zaghaft. »Stimmt«, sagt J., »deswegen habe ich ja auch nicht auf den Teller sondern aufs Blatt geschossen, was ich sonst nie mache.« Das kommentiere ich dann nicht mehr weiter. Zwei Keiler auf dem Geländewagen. Alte namibianische Recken, die es zehn Jahre verstanden haben im Busch zu überleben. Und nun kommen wir an diesem schönen Morgen zur Ernte. Mich überrascht immer das geringe Wildpret und die dazu überdimensionalen Waffen. Die beiden Warzenschweinkeiler als Wildschweinkeiler hätten sicherlich jeder um die 120 kg auf die Waage gebracht und natürlich viel kleinere Waffen.

Es ist noch zu früh zur Farm zurückzukehren. Wir gehen weiter auf Impalasuche, weswegen ich ja eigentlich auch nur hier bin. J. hatte auch von einer abnormen Oryxkuh erzählt, deren Stangen im Kreis nach vorne wachsen. So etwas ist auch was für mich und so schauen wir auch nach dieser südwestafrikanischen Besonderheit. Zahlreiches Wild erfreut unseren Anblick, doch nach einer Stunde Hin- und Hergefahre will J. mit mir ein wenig pirschen. »Magst einen Hartebeest schießen? Da hinten ist eine Herde.« stellt J. nach eingehender Inspektion des Geländes fest. Wenn er die paar Punkte am Horizont meint, die ich für ein paar große Büsche halte, wird die Pirsch wohl einen Tag dauern, bis wir da sind. Ich decke mich mal zur Vorsicht mit einer Flasche Wasser ein und pirsche, na ja besser gesagt renne und stolpere J. hinterher. Der kurze Zwischenspurt lässt mich schon ins Schwitzen kommen. »Verdammter Schreibtischjob!« denke ich hastig vor mich hin keuchend. Diese Gedankenausrede nutze ich übrigens öfter, wenn ich mein stetes Übergewicht nicht so ganz ehrlich realisieren will. Jedenfalls hatte ich schon ein paar Tausend Kalorien verbrannt, als J. in die, so bei mit leichtem Bauchansatz gehandicapten Männern beliebte, »wir müssen jetzt unten bleiben – Pirsch Bodenlage« heruntergeht. »Nicht bewegen!« zischt er mir zu. Irgendwelches anderes Wild ist auf 100 Meter vor uns und ich habe keine Ahnung was. »Wir müssen bis zum siebten Busch da vorne, los« flüstert J. und kommt schon beim dritten Busch an, während ich meine

26

Waffe und Wasserflasche aufsammle und hinterherhetze. Na warte, komm Du mir mal ins Sauerland! Die dickste Fichtendickung werde ich ihn durchdrücken lassen. Während J. nun am siebten Busch durchs Fernglas anspricht, komme ich mit einiger Verspätung auch endlich angekeucht.

»Du musst ganz dicht hinter mir bleiben, wir müssen eine Linie bilden« raunt mir J. wohl schon leicht genervt über meine Langsamkeit zu, während ich schon leicht genervt hinter seinem Rücken mit den Augen rolle, nachdem sich meine Atmung langsam stabilisiert hat. Ich weis immer noch nicht, wofür diese Anstrengung hier gemacht wird, da die vermeintlichen Hartebeest-Busch-Knubbel weitergezogen und wir somit keinen Meter näher an sie herangekommen sind. »Du schießt jetzt den Kudu-Bullen, 80 Meter von hier, steht in einem Dornbusch und hat nur eine Stange!« flüstert J. mir zu. »Ja klar« sage ich, »veralbern kann ich mich alleine. Du wolltest nur gucken, ob ich noch laufen kann,« flüstere ich zurück. Erst erzählt J. mir was von Oryxkühen mit im Kreis nach vorn wachsenden Stangen und jetzt hat er da auf einmal einen Einstangen-Kudubullen hingezaubert. Das Jägerlatein wird mir langsam zu bunt. Na ja, spiel halt mit, sage ich mir, repetiere die Waffe und lege auf dem von J. aufgestellten Zielstock brav an. Schon

28

habe ich meine erste Standartantwort parat: »Seh nix, seh nur Büsche.« »Guck genau hin, dort im Busch, er hat uns voll drauf, schieß endlich« höre ich J. von hinten. Und tatsächlich eine Bewegung im Zielfernrohr. Der Bulle, da steht tatsächlich einer vom Stamme Kudu, mit nur einer Stange, macht einen Schritt aus dem Busch zurück, so dass das Blatt frei wird. Um 11 Uhr 32 lasse ich die Kugel fliegen und ein Kudu mit einer gedrehten Stange nebst Busch fallen um und liegen beide erlegt am Anschuss. Ich fasse es nicht. Mein Herz springt aus dem Brustkorb und ich bin körperlich und nervlich fix und fertig. Ein Kudu, ich hatte schon im Jahr davor einen Goldmedallien Kudu schiessen können, war nun gar nicht auf meinem Jagdplan.

J. hatte den Bullen schon von weiterer Entfernung entdeckt und ist ihn dann schnurgerade angepirscht, ohne mich groß einzuweihen. Ergriffen und voller Freude über diesen unver-

hofften Jagderfolg gehen wir zum Anschuss. Die rechte Stange ist normal ausgebildet, die linke Stange fehlt völlig. Statt dessen wächst eine kleine Stangenkralle über die Stirn in Richtung Licht. J. reicht mir erneut nach alter deutscher Sitte den Schützenbruch, während Esa den Wagen holt. Der Bulle ist J. völlig unbekannt. Er muss schon sein ganzes Leben lang nur mit dieser einen Stange und dieser Anomalie herumgelaufen sein. J. und ich freuen uns riesig über diesen Hegeabschuss und trinken mit einer kühlen Dose Windhuker Bier den Kudu tot. »So, dann fahren wir mal heim« schlägt J. nach einer weiteren Dose Bier, die ich vollends genieße, vor. Die Seilwinde am Toyota, eine recht bequeme und schlaue Erfindung, macht wieder ganze Arbeit.

Nach 15 Minuten Fahrt, ich sitze nicht mehr hinten auf dem Wagen, sondern auf dem Beifahrersitz und quatsche mit J. über lang vergangene gemeinsame Corpsstudententage, innerlich »Hahn in Ruh« für mich verblasend, klopft Esa aufs Autodach. »Gnu!« ruft er und tatsächlich eine 50 Stück große Herde bricht rechts vom Auto im Galopp vor uns weg. Da ich auf den schnellen Blick allerdings nicht die Beine gezählt und dann durch 4 geteilt hatte, ist diese Anzahl rein subjektiv. Es können auch 70 oder 30 sein, aber egal. Ich erfreue mich des Anblickes, als J. scharf bremst. »Wir müssen noch ein Gnu nach Windhuk verkaufen,« sagt J. und zwinkert mir zu. »Nee, nee danke, ich im Moment nicht« bricht es aus mir heraus. J. zuckt mit den Schultern und springt aus dem Auto. Die Herde ist ca. 200 Meter weiter gezogen und äst nun wieder. Natürlich gelingt J. vorbildlich der Abschuss einer schwachen nicht führenden alten Kuh, so dass ich tief beeindruckt bin von seiner Schießkunst, der Landschaft, dem Glück, dass wir heute schon hatten und dem völlig freien und unbeschwerten Jagen. Nachdem auch dieses Wildpret geborgen ist, erreichen

32

wir am frühen Nachmittag die Farm und die Schlachter freuen sich nolens, volens über ihre Überstunden. Das hervorragende Mittagessen und das anschließende von mir sehr geschätzte Nickerchen lassen Körper und Seele zur Erholung kommen. Doch diesen erfolgreichen Jagdtag so ausklingen zu lassen, ist gar nicht in J.'s Sinne. Zwei Stunden später steht er vor meiner bequemen Siestaliege und flötet mir etwas von kapitalen Impalaböcken ins Ohr. Wir sollen doch noch mal gucken, so um den Frankenfelsen herum und überhaupt ist der Tag doch noch gar nicht vorbei und wer weiß, wie morgen das Wetter wird, und Esa ist auch schon auf dem Auto und außerdem hat er noch Wasserbüffel, die er mir zeigen will. Na gut, entgegne ich, Wasserbüffel habe ich schließlich auch noch nicht Live gesehen. Das ist schon ein Argument. Nur 5 Minuten später sitze ich wieder oben auf dem Auto und schaue der langsam untergehenden Sonne zu. Wir sehen zwar keine Wasserbüffel, doch ein vollgefressener Leopard kann von uns in einem Baum liegend überrascht werden.

Ich schieße mit Canon und nicht mit Steyer-Mannlicher...

Höchstens eine halbe Stunde Büchsenlicht wird uns für die weitere Impalasuche noch verbleiben. Wir nähern uns dem so genannten Frankenfelsen von hinten, eigentlich zwei recht hohe Felsen mitten im Busch mit einer Schlucht in der Mitte und Heimat zahlreicher Affen. J.'s Plan ist es, durch die Schlucht auf die andere Seite des Felsens zu kommen, um dort nachzuschauen, ob Wild in der Ebene äst. Die Affen vom Frankenfelsen haben uns sofort als »Feinde« erkannt und springen wild hin und her, in der Regel aber in den tiefen Schluchten des Felsens verschwindend. Wir kommen in dieser von uns zum Transfer ausgesuchten Schlucht recht unbehelligt ca. 200 Meter vorwärts, als eine Gegenexpedition uns genau zu diesem Zeitpunkt in dieser Schlucht begegnet, also ein klassischer Fall von Gegenverkehr in westeuropäischer Rushhour. Es handelt

33

sich um eine Kudubullenherde, nun mit auf jedem Haupt erkennbaren zwei (!) schön ausgebildeten kapitalen Hörnern. Die Kuduexpedition glotzt nun genauso blöde wie wir, die Jäger-auf-Impala-Suche-Expedition. Treffen in der Schluchtmitte, geordneter Rückzug ist für keine Seite möglich. Die Kudus verlieren dennoch zuerst die Nerven und poltern mit lautem Getöse auf den Hinterläufen umdrehend und reichlich ungeordnet wieder durch die Schlucht zurück. »Mist«, flucht J., »die nehmen alles andere Wild mit, schnell zurück, wir müssen Bergsteigen.«

Hatte mein über alles geschätzter Jagdführer da gerade »Bergsteigen« gesagt? Jetzt am Abend nach diesem Tag? Nicht mit mir. Ich will gerade meinen Protest formulieren, als J. und Esa schon den ersten Hügel erklimmen und heftig zu mir nach unten winken. So ein Mist. Ich kann gar nicht anders als hinterher. Starke Erinnerungen an meine erste und bis-

34

her auch einzige Gamsjagd in Tirol kommen in mir hoch. Klettern ist nun neben der anderen verpönten körperlichen Ertüchtigung so gar nicht meine Sache. Geröllsteinchen unter meinen Schuhen rieseln nach unten. Auf einem Plateau angekommen, nimmt Esa mir grinsend meine Waffe ab. Grins du nur, du kommst auch zu mir in die sauerländische Fichtendickung. J. ist schon auf dem zweiten Gipfel angekommen. Eine Minute Atemholen gönne ich mir und sehe in die untergehende Sonne, die den afrikanischen Himmel wieder unveränderlich rot färbt. Eigentlich kann ich hier bleiben, einen Sundowner zu mir nehmen und diesen wunderschönen Jagdtag ausklingen lassen, wenn J. nicht schon wieder gestikulierend den nächsten Aufstieg von mir fordern würde. »Der würde nicht so ein Theater machen, wenn da oben nichts spannendes ist«, denke ich bei mir und klettere mit Händen und Füßen aber ohne Waffe etwas erleichterter. »Unser Glück waren die Kudus,« flüstert J. mir zu, »die haben alles Wild mit herumgezogen. Schau in die Ebene, eine Impala Herde!« Jaja, schon klar, denke ich mir. »Ein starker Bock, sonst nur (ich weiß nicht mehr, was J. sagte, ich glaube Ricken und nicht Kühe) weibliches Wild.« Ich lehne mich gegen die steile Felswand an einem Grad des Gipfels und schaue nach unten. Das Licht wird immer geringer, die hereinbrechende Nacht immer dunkler. Tatsächlich im Fernglas erkenne ich auf ca. 120 Meter die Impalaherde. »Das sind alles Böcke,« flüstere ich J. zu, »so eine Art Knopfböcke!« »Du spinnst« meint J. trocken, »dass sind die Lauscher von den Ricken, da ist nur ein Bock bei, das vierte Stück von links.« Dank dieser genaueren Ortsangabe gelingt es mir dann tatsächlich auch, den Bock von den Ricken (!) zu unterscheiden. Hat auch ein recht gewaltiges Gehörn. Ist wohl heute alles ein bisschen zuviel für mich. »Schieß endlich« sagt J. zu mir. »Ich wackele zu sehr und bin total außer Atem!« raune ich zurück. Während der

35

Fels auf dem ich liege mich von vorne stützt, gibt J. mir noch zusätzlich Halt von links. Eine Sekunde steht das Fadenkreuz gerade und ich steche und schieße. Der Impala fällt um und liegt im Knall. Heftiges Jagdfieber schüttelt mich.

Die Herde bricht Richtung untergegangene Sonne davon. Esa macht ein Foto von J. und mir im Felsen hängend. Es hat geklappt. Der Impala liegt. Hochblatt, eines Hochgebirgsschusses würdig, hat er den Knall nicht mehr gehört. Die Totenwache halten wir über eine Stunde. Der größte Bruch dieses verrückten Tages ehrt diesen Impala, sicherlich eine der ästhetisch schönsten Wildarten unserer schönen Erde. Mein Wunsch, einen Impala zu schießen ist also in Erfüllung gegangen, das Geburtstagsgeschenk meiner Frau hat sich realisiert. Erlebnisse, die für 4 Jagdreisen gereicht hätten, sind an diesem einen Tag verwirklicht worden, es ist der 21. November 2007. Ich frage mich, womit ich dieses Jagdglück verdient habe. Ein Keiler, ein Kudu, ein Impala, alles an einem Tag und nur für mich neben einem Keiler und einem Gnu für J., Danke afrikanische Diana. Fast schon melancholisch bergen wir den Impala und fahren in tiefster Dunkelheit schweigend zur Farm zurück.

22. November – Tag 3

Windiger Tag

Die Farm verfügt auch über eine gut sortierte Bar. Nach diesem wahnsinnigen Tag gestern hat J. dann noch mit den Worten »ich mix uns mal was Lustiges« auch dann was Lustiges gemixt. So bunt die gestrige Strecke auch war, so bunt waren auch die gemixten, lustigen Getränke, sodass ich nicht böse bin, dass wir das Frühstück lange ausdehnen und erst mal so in den Tag hineinleben. Verschiedene Farmarbeiten und Farmarbeiter müssen wir überprüfen. Wir entscheiden, erst gegen Mittag wieder auf Pirsch zu gehen. »Ich guck mal, ob ich einen Strauß schieße«, ruft J. in die Küche. Als Antwort erhält er nur ein: »Aber nicht wieder so eine zähe Tante wie letztes Mal«. Ich wusste gar nicht, dass man diese Vögel auch essen kann. Na ja, für mich ist das nichts. Sowohl schießen als auch essen. Der Anblick von Wild ist heute ganz anders als gestern und je länger wir unterwegs sind, je froher bin ich, die gestrigen Chancen auch genutzt zu haben. Heutige Fluchtdistanz des Wildes ist locker 1000 Meter, wofür J. den starken Wind, der heute herrscht verantwortlich macht. Weit entfernt sehen wir immer wieder Gnus, Oryx und ein paar Giraffen, die auf der Farm auch bejagt werden können. Aber auch diese Wildart habe ich nicht auf meiner Liste des für mich persönlich jagdbaren afrikanischen Wildes. Katzen, Elefanten, Giraffen, Strauße und Zebras (na ja sobald meine Tochter größer ist und vielleicht nicht mehr so passioniert reitet mal eventuell eines) will ich nicht jagen und reizen mich überhaupt nicht. J. weiß das und versucht es auch erst gar nicht. Wir kommen zwischenzeitig bei (einer Herde?) von 10 Straussen auf 250 Meter heran. Nach wippendem Lauf verhoffen sie. J. klettert

38

tatsächlich hinten auf das Auto und repetiert durch. Als sich ein neugieriger Strauss etwas nähert, höre ich schon den Knall von J.'s Schuss; der Strauß hört nichts mehr. Als wir ihn bergen zeigt mir J. das berühmte und teure Straußenleder auf den Füssen (oder heißen die auch Ständer?) dieses Riesenvogels, der mich irgendwie auch an Dinosaurier erinnert. »Wir haben viel zu viele« meint J. und schenkt mir eine lange Feder für meinen Sohn. Wir beschließen zur Farm zurückzukehren und ein leckeres Abendessen zu kochen. Ich bitte darum, auf jeden Fall keinen Strauss essen zu müssen. Da J. auch mehr Lust auf Kudufilet hat, schlägt er mir diese Bitte natürlich nicht ab. So ganz ohne Überraschungen bleibt unser Abendessen dann aber doch nicht. Nach der Vorspeise zischt mir J. ganz hektisch auf einmal ein »Nicht bewegen!« zu. Zwischen Kudufilet und Dessertlöffeln krabbelt etwas dunkles und haariges über die weiße Tischdecke. »Hab ich Dich!« ruft J. und stülpt in sekundenschnelle – ich konnte kaum so schnell gucken – ein hohes Wasserglas über dieses afrikanische Wesen. Eine kräftige Vogelspinne sitzt nun im Glas gefangen und versteht nicht, warum es trotz freier Sicht mit dem Krabbeln in Richtung Kudufilet nicht weitergeht. »Auch so was haben wir hier,« meint J. so nebenbei und verliert keine Zeit, das Abendessen wieder aufzunehmen. »Klar,« antworte ich völlig cool, »ist halt bei uns wie ne Wespe,« murmele ich vor mich hin und schiebe das Glas ein wenig in Richtung J., denn so ganz geheuer ist mir dieses Wesen nun doch nicht. Selbst auf der Farm muss man im Busch mit allem rechnen.

23. November Tag 4

Der Buschbulle

30 Grad im November. Die Temperatur ist angenehm und die Nacht war ruhig. J. muss einen Oryx nach Windhuk verkaufen und wir starten nach reichhaltigem Frühstück wieder mit dem Jagdwagen in den Busch. Kein Handy klingelt, kein Fax piept und erst recht keine e-mails. Keiner, der mich nach dem Abschicken seiner mail anruft, um zu fragen, warum ich seine mail noch nicht beantwortet habe. Stattdessen Wild, Sonne, Ruhe. J. lebt so immer jeden Tag. Ich bilde mir ein, dass er freier ist als ich. Aber ist er das wirklich? Auch hier muss der Betrieb laufen, auch hier hat man Verantwortung für Familie und Mitarbeiter. Und Steuern muss man in Namibia auch bezahlen. Vielleicht bin ich einfach in Jagdurlaubstimmung, als ich meinen Gedanken auf dem Jagdauto so nachhänge. Die morgendliche Rundfahrt bringt nichts besonderes. Das Wild zieht nicht viel umher und obwohl ich keinerlei Wild in Anblick habe, bremst J. plötzlich abrupt ab. »Komm mal runter,« ruft er mir zu, »ich zeig Dir was.« Direkt vor uns auf dem Weg liegt eine große Leopardenschildkröte in der Sonne. Sie hat einen ganz schön beachtlichen Durchmesser und J. erklärt mir sofort alle Eigenarten und Besonderheiten dieses an Jahren recht alten Exemplars. »Nimm sie mal hoch und setz sie an den Rand,« grinst J. mich an und an seinem Grinsen stimmt irgendetwas nicht; ich kenne ihn nun wirklich gut und weiß, dass dieses Grinsen mit einer gewissen gutmütigen Schadenfreude einhergeht. Nun ja, als mutiger mitteleuropäischer Westfale schreite ich zur Tat, wobei mir nicht verborgen bleibt, dass auch Esa seine blitzenden weißen Zähne zeigt. Der Schildkrötenkopf ist zwischenzeitig durch die von mir ausgelö-

40

sten Bodenerschütterungen versunken, so dass mir die Schildkröte von Angesicht zu Angesicht eigentlich nicht gefährlich werden kann; Stacheln oder ähnliches sind an ihr auch nicht zu erkennen. Ich bücke mich also, greife mit beiden Händen zu, nehme sie hoch und will sie wegtragen, als mich ein riesiger Schwall von Schildkrötenurin vom Bauchnabel bis zu den Knien einnässt. J. und Esa halten sich den Bauch vor Lachen. »Hoffentlich hast Du noch eine Hose mit,« gluckst es aus ihm heraus. Mit aller aristokratischen Würde meines westfälischen Bauernadelgeschlechtes lasse ich mir überhaupt nichts anmerken, trage die Schildkröte würdevoll unter den nächsten Busch abseits des Weges, raune ihr ein »wir hätten uns heute besser nicht getroffen zu«, besteige wieder den Jagdwagen und frage J., ob er hier eigentlich kein wehrhafteres Wild habe, als mir gleichaltrige Schildkröten mit Prostataproblemen. Na ja, die drei hatten jedenfalls ihren Spaß.

Nach dem Mittagessen, ich hatte übrigens noch eine Hose mit, will J. mir nun endlich den großen Gnubullen vor den Steyr – Mannlicher Stutzen bringen. Nachdem tatsächlich eine große Herde von ihm an eine bestimmte Stelle gezaubert worden war und wir auch Bullen bei der Herde ausgemacht hatten, heißt es wieder pirschen, pirschen, pirschen. Es ist schon erstaunlich, was einem alles außer den Schuhsohlen des Jagdführers so ins Blickfeld gerät, wenn Steppe und Sandboden nur wenige Zentimeter vom Gesicht entfernt sind. In unbequemer und recht anstrengender Bundeswehrhaltung (da ich Obergefreiter der Luftwaffe bin, kann ich mir über diese Fortbewegungsart eigentlich gar nicht so ein richtiges Urteil erlauben) robben wir uns nun wieder langsam heran. Wie immer sehe ich zwar in 80 Meter Entfernung zahlreiche Gnus uns umzingeln, aber wen von den vielen wir beide gerade umzingeln ist mit nicht klar. Um 17 Uhr 14 flüstert J. mir zu: »In dieser Richtung ca. 70 Meter stehen Dornenbüsche und genau hinter diesen Büschen steht der Bulle, den schießt Du. Schieß durch die Büsche; Deine 7 x 64 Teilmantel Rundkopf kann das ab.« Nun sind afrikanische Dornenbüsche und Gestrüppe etwas anderes als hohes Gras auf meinen Sauerländer Wiesen. Nach ernüchternden Erfahrungen mit Spitzkopfgeschossen, war mein Vater kurz nach seiner Jägerprüfung zu den Teilmantelrundkopfgeschossen gestoßen, die ihn und später auch mich immer wieder überzeugten. Jetzt muss das 11,2 Gramm Geschoss seine Wirkung im afrikanischen Busch unter Beweis stellen. J. richtet das Dreibein auf und weist mir noch mal die Richtung. Endlich kann ich mir mal etwas Zeit lassen. Weder die Herde noch der im Busch versteckte Bulle haben etwas mitbekommen. Die Büsche verstecken den gesamten Körper. Links vom Busch erkenne ich einen Teil des Hauptes mit den typische Kuhhörnern, rechts vom Busch wedelt der Pferdeschwanz. Ich höre etwas Hufgetrappel, die Herde wird unruhig. Wieder hat irgendeine aufmerksame Kuh etwas von uns mitbekommen. »Schieß doch endlich,« raunt J. mir zu und er hat recht. Eine bessere Schussposition werde ich nicht mehr bekommen. An der Stelle, an der ich das Blatt erahne, ist das Buschwerk etwas offener. Ich steche ein und schieße. Durch das Zielfernrohr sehe ich wie der Busch umkippt und von einem Gnuberg begraben wird. Der Bulle liegt sofort im Knall. Dass Geschoss, dem ich so sehr vertraue, hat ganze Arbeit geleistet. Esa und J. laufen sofort los, ich folge beiden wieder etwas westeuropäisch langsamer, wobei ich Diana für mein ungeheures Jagdglück danke. Als wir den Bullen erreichen, schlegelt er noch ein wenig. Ergriffen trete ich zum Anschuss. J. nimmt mich in den Arm, und überreicht mir den Schützenbruch. »Waidmannsheil mein Freund. Guter Schuss, gute Jagd. Ist ein mittelalter Bulle. Den nehmen wir für die Küche. Wir haben noch viel größere und so einen hängst Du

42

Dir zuhause nicht an die Wand, nicht, wenn Du mit mir gejagt hast,« meint J. zu mir. Ich bin happy und brauche keinen größeren Bullen. Die Hörner sind mir wirklich nicht wichtig. Mit Sonnenuntergang erreichen wir die Farm. Lange sitzen wir noch am Lagerfeuer zusammen und berauschen uns am gegenseitigen Jägerlatein.

24. November – Tag 5

Windhuk und Jagdpause

Ich schlafe lange und entscheide mich beim Rasieren für einen Tag Jagdpause. Irgendwann muss ich noch ein paar Souvenirs für meine Frau und meine Kinder kaufen. J. kommt mein Ansinnen auch sehr gelegen. Zum einen muss er Trophäen von Jagdgästen zum Transport nach Deutschland wegbringen. Zum anderen unterstützt er mit seiner Familie eine ältere schwarze Frau in Katutura, dem Armenviertel von Windhuk. Wir wollen hier Fleisch abliefern und spenden. Die Frau kümmert sich um über 30 AIDS-Waisenkinder. Dieses AIDS Problem ist sicherlich eines der größten Probleme in afrikanischen Staaten. Sämtliche westliche Aufklärungsmethoden scheinen kaum etwas gebracht zu haben. Die Kinder und die Alten bleiben über, die mittlere sexuell aktive Generation stirbt nach und nach an dieser Krankheit aus. Auf der Fahrt nach Windhuk philosophieren und politisieren wir über die Zukunft Afrikas. Es ist sicher viel erreicht worden, aber ich sehe die Probleme nicht geringer werden. Nachdem wir unsere Fleischspende abgeliefert haben, fahren wir ins Zentrum von Windhuk. Als ich Ende der 1980er Jahre hier war, gab es noch die Kaiserstrasse und die Kolonialjahre waren wesentlich präsenter als heute. Wir gehen in einem riesigen Supermarkt einkaufen und ich muss feststellen, dass es hier auch alles gibt, was bei uns in solchen Geschäften ebenfalls anzutreffen ist. Der Laden brummt und die Windhuker decken sich mit Lebensmitteln ein. Unser Einkaufswagen füllt sich. In einem unbeobachteten Moment wird dieser auf einmal von einer hübschen Frau entführt, die damit in den nächsten Gang geht. »Hallo unser Wagen« rufe ich natürlich auf deutsch. »Oh da habe ich mich leider ge-

44

irrt, Entschuldigung, mein Wagen ist dahinten!« antwortet sie ebenfalls auf deutsch und lächelt mich an. Es ist wirklich so auch heute noch: überall nur deutsche Töne. Verblüffend. Im Laden kaufen wir deutschen Spekulatius, Wurst und Sauerbraten. Auch die Beschilderung der Ware ist auf deutsch.

Abends gehen wir im Nice-Restaurant Essen. Eine absolute Topempfehlung. In einem wunderschönen alten Kolonialhaus wird zahlreichen Köchen eine gründliche Ausbildung geboten. Im Rahmen dieser Kochausbildung wird das Restaurant mitbetrieben. Der Service und das Essen sind vorzüglich, die Einrichtung geschmackvoll. Selbst von der Toilette bin ich fasziniert. Eine Edelstahlpinkelrinne mit Eiswürfeln gefüllt. Hier macht pinkeln wirklich Spaß, dass Eis schmilzt so schön.

Nach den Eindrücken aus Katutura ein Beispiel für das moderne aufstrebende Namibia.

Neben AIDS ist auch das Kriminalitätsproblem nicht zu unterschätzen. Auch in Namibia sind fast sämtliche Häuser zwischenzeitig mit Elektro- und Stacheldrahtzäunen eingefasst. Wäre J. nicht als mein einheimischer Beschützer an meiner Seite gewesen, ich hätte unseren Stadtbummel nicht so entspannt betrachtet. Und auch auf dem Land gibt es Wilderei, Viehdiebstahl, Raub und Klein- und Großkriminalität zuhauf.

Auf dem Rückweg müssen wir an einer Straßensperre halten und unsere Papiere zeigen. Diese Sperren sind von der Polizei an den meisten Ein- und Ausfahrtstrassen von Windhuk eingerichtet. Ob sie die Sicherheit wesentlich erhöhen? Ich weiß es nicht.

Auf dem Rückweg diskutieren wir den Einfluss der Asiaten in Namibia, das Versetzen des Reiterstandbildes an einen anderen Ort, die Zukunft der Weißen in Afrika, die Entwicklung in Simbabwe. Auch mental haben wir uns an diesem Tag von der heilen Jagdwelt auf der Farm weit entfernt. Mit zahlreichen unbeantworteten Fragen gehe ich zu Bett.

25. November – Tag 6

2 Gnu-Tag

Wir hatten am Vorabend verabredet, mal ohne Frühstück schon früh rauszufahren. Um 6 Uhr geht es los, es ist schon taghell aber die Sonne ist noch nicht aufgegangen. Wir fahren durch den Busch und sehen große Herden von Elen mit großen starken Bullen, zahlreiche Oryx, Springböcke, über zwanzig Giraffen, Wasserböcke und überall Schweine, Schweine, Schweine. Ein Keiler hat eine Waffe, die über den Halbkreis hinausgeht. Ein Lebenskeiler, wie J. meint. Der Keiler hat zwar große Zähne aber keinen Pürzel mehr. Er hält uns nur ganz kurz aus und verschwindet im undurchdringlichen Busch. Das am häufigsten vorkommende und in J. Sinne zu reduzierende Wild, die Streifengnus, sind an diesem Morgen alle verschwunden.

Wir stellen übereinstimmend fest, dass die Tiere es spüren, wenn sie von uns verfolgt werden. Die Herde Elands, die ich nicht bejagen will, lässt uns auf 80 Meter heran. Wir suchen weiter nach der abnormen Oryxkuh oder doch einem stärkeren Gnubullen. Plötzlich vermeldet uns Esa am Horizont eine Herde Gnus. J. fährt noch ein Stück weiter in eine kleine Talsohle, wir bleiben stehen und beginnen mit der Pirsch. Nach ca. 400 Metern fällt mir auf, dass das Dreibein, die so sichere und unbedingt von mir gebrauchte Auflage für das Gewehr, fehlt und von J. nicht mitgenommen wurde. Bei unserem zeitigen Aufbruch haben wir es schlicht vergessen. »Du bist in Afrika! Dann müssen wir eben improvisieren,« meint J. zu meiner Überraschung. Na ja, er wird wohl einen Baum mit guten Verzweigungen meinen, an dem ich gegebenenfalls anstreichen bzw. auflegen kann. Wir bewegen uns nun zügiger vorwärts. Wichtig auf der afrikanischen Pirsch ist es, wie ich es von J. nun gelernt habe, in einer Linie zum Wild vorzudringen. J. legt wieder sein übliches Tempo vor, ich beginne nach wenigen Metern zu schnaufen. Zunächst noch aufrecht überwinden wir ca. weitere 300 Meter. J. glaubt, dass die Herde weiter gezogen ist, da sie aus seinem Blickfeld verschwunden ist. Plötzlich duckt er sich. In der Hocke legen wir weitere 100 Meter zurück, ich schwitze mal wieder. Kilogrammgesegnetere Menschen schwitzen wohl irgendwie schneller. Nach kurzem Verweilen, J. hat irgendwo die Gnus ausgemacht, ich sehe hingegen nur Sand und Büsche, fordert er mich auf, mich noch kleiner zu machen. Meine Bandscheibe meldet sich unter Protest und hat kein Verständnis für diesen unüblichen morgendlichen Dehnungssport. »Runter« zischt J. mir zu. »Noch weiter?« denke ich. Wir krabbeln jetzt wie zwei Mistkäfer über den Boden und erreichen so einen Busch nach dem anderen. Die Kollegen Mistkäfer begrüßen mich übrigens in Augenhöhe. Wahrscheinlich kichern sie über mich. J. sichert

48

und deutet mir, dass die Gnus ganz nah vor uns sind. Bei den afrikanischen Verhältnissen sind häufig 150 Meter »ganz nah« und so mache ich mir noch keine ernsthaften Gedanken. Ein einziger Bulle in der gesamten 15 köpfigen Herde wurde wohl von J. ausgemacht, wobei er sich zwischenzeitig verstellt haben muss. Da das Zieldreibein sowieso nicht bei uns ist, mache ich mir keine ernsthaften Gedanken um eine mögliche Schussabgabe.

Doch J. will ja nun mal improvisieren und schlägt nun auf dem Bauch liegend, mir, natürlich ebenfalls auf dem Bauch liegend, folgendes vor: »Wir stehen jetzt gleichzeitig auf, du legst auf meiner Schulter auf und schießt auf eine Kuh aus der Herde, die gerade passt. Ich brauche noch ein Stück für die Küche zur Fleischverwertung. Den Bullen sehe ich gerade nicht.« Da ich eigentlich ein bedächtiger Schütze bin, halte ich den Vorschlag für recht abenteuerlich. Dennoch will ich es gern

49

versuchen, denn ich bin ja in Afrika und improvisieren muss halt sein. Ich repetiere und sichere (J. schüttelt den Kopf, für gesicherte Waffen haben wir jetzt keine Zeit, aha), ich lege in der Hocke auf seiner Schulter auf, er steht auf, so dass ich auch aufstehen muss, damit die Waffe nicht hinfällt, ich ziele mutig und sehe nur weiten blauen Himmel. Das Gnus nunmehr Flugwild sein sollen überrascht mich doch sehr. »Tiefer, ich sehe nur Himmel« flüstere ich J. hastig zu, der nun mal gut 20 Zentimeter größer als ich ist. Als er leicht in die Knie geht, um Gnus und mich in gegenseitige Augenhöhe zu bringen, sehe ich die gesamte Herde auseinanderspritzen. Wir sind echt nah dran, höchstens 50 Meter. Warum habe ich die vorher nicht gesehen? Weder Kühe noch Kälber bleiben nur eine halbe Sekunde stehen. So sehr hat sie unser Überfall aus der Deckung erschrocken. »Rechts steht der Bulle« ruft J. und rennt mit mir im Schlepptau 15 Meter nach rechts, die Waffe auf der Schulter und mich als Schützen hinterherziehend. »Siehst Du den Bullen« zischt J. »Ja, sage ich, »es wackelt so im Zielfernrohr.« »Egal«, sagt J. »schieß endlich«. Für eine Sekunde liegen Waffe und Absehen ruhig auf der Schulter. Ich schieße und der laute Knall meines bewährten Steyr-Mannlicher Stutzen zerreißt die angespannte Stille. Der Gnubulle fällt im Schuss um. »Getroffen, er liegt,« jubelt J. und reißt die Arme zum Himmel hoch. Ich kann es noch gar nicht glauben. Damit der Bulle nicht noch mal hochkommt und ich einen Nachschuss als Fangschuss geben kann, rennen wir schnell zum Anschuss. Der Bulle schlegelt noch ein bisschen, der Schuss sitzt perfekt, leicht Hochblatt. Ich entlade die Waffe und bin fix und fertig. Das ist Jagd pur, beinahe dem Tier Auge in Auge gegenüberzustehen. Unsere Anpirsch- und Überfalltaktik hat sich völlig bewährt. Glücklich liege ich J. in den Armen, der mir herzlich Waidmannsheil wünscht. Die Erlegung dieses Gnubulllens ist sicherlich die aufregenste Pirsch auf ein Stück Wild, die ich je gemacht habe. Körperlich strapaziös, sehr nah am Wild, schnell und Gott sei dank gut schießend. Ich denke an die alten Schilderungen von Büffeljagden in Tansania. Gut das ein Gnu kein Büffel ist, obwohl diese Wildart mir mehr und mehr ans Herz wächst. Wachsam, gut windend, hervorragend äugend, scheu und intelligent. Ich erkläre hiermit die Gnus zu meinen persönlichen Büffeln. Der schwierige Schuss ist ein Küchenschuss, hochblatt, kaum Fleisch verletzend. Rundum zufrieden fahre ich zum Frühstück. Nur J. meint, der Büffel (-gnu) sei nicht stark genug, wir wollen noch nach einem andern suchen. Ich sage nichts mehr. Herrliches, freies Jagen.

Das Kapitel heisst Zwei Gnu-Tag. Und tatsächlich nach dem Mittagsessen geht es wieder raus. Der begehrte große Büffel für die Wand zu Hause. Irgendwo muss er doch in der Gegend herumziehen. Wir pirschen nochmal eine Herde an. Im Erkennen der zahlreichen Kühe, kein Bulle dabei, steht eine

51

Einhornkuh etwas abseits und äugt mich zu neugierig an. Ein gelunger Hegeabschuss. Mir fehlen die Worte, weiter von diesem Jagdzufall, oder sollte der Erfolg auf meine ausgefeilte Anpirschtechnik mit Schnellstschussreaktion zurückzuführen sein?, zu berichten. Die Einhornkuh war jedenfalls ausgesprochen lecker.

26. November – Tag 7

Der große Bulle

Ich packe. Wie auf der Hinreise ist es bei LTU auch beim Abflug in Windhuk möglich, über das Internet die Bordkarte ausdrucken zu lassen. J. erledigt das für mich und ich suche dieses mal mir einen Fensterplatz mit echtem Fenster aus.

»Wir brauchen noch so einen richtigen großen Gnu-Bullen, den du dir an die Wand hängen kannst,« meint J. »Letzte Chance. Nach dem Mittagessen geht es noch mal raus.« Gut, dass ich meine Jagdsachen noch nicht eingepackt habe. Die Fahrt geht wieder zum Frankenfelsen und Esa sieht die Herde wie immer als erster. Hier scheint alles Wild auf den Läufen zu sein. Wir verfolgen die Herde und stoßen immer wieder in sicherer

Entfernung auf anderes Wild. Links von uns ist eine Herde Oryx mit zahlreichen Zebras vermischt, rechts von uns ziehen Strauße und Impalas. Die Herde der Gnus zieht weiter und stößt auf eine andere Herde Kudus, die sich daraufhin aber entfernen.

Offensichtlich wollen mir die verschiedenen Tierarten auf wiedersehen oder aus ihrer Sicht wahrscheinlich besser auf nimmer wiedersehen sagen. Vielleicht wollen sie mich mit ihrer Artenvielfalt und zahlreicher Anwesenheit auch auslachen und wahrscheinlich haben uns ein paar hundert Augen längst gesehen und ein paar Dutzend Nasen längst gerochen. J. stellt plötzlich sein Dreibein auf. »Da, großer Bulle, rechts von der Herde spitz von hinten, lade durch und warte«. Ich gehorche mechanisch. Wir sind ein eingespieltes Gnujagdteam und ich weiß, dass J. Angaben genau stimmen. »Hui,« denke ich, »der ist echt groß und hat eine ganz schön starke Trophäe.«

54

Mein Büffel des kleinen Mannes denkt aber nicht daran, sich zu bewegen. Obwohl es Abend ist, hat die Mittagshitze noch nicht wesentlich nachgelassen. »Wir können ihn nicht anders angehen,« flüstert J., »alle anderen schauen uns zu und würden ihn mitnehmen.« Vorsichtig blicke ich mich um und sehe zu uns sichernde Gnukühe, Zebras, Kudus, Strauße und Oryxe. Ich fühle mich total beobachtet und ertappt. Die Minuten verrinnen. Ich hasse es, die Beute minutenlang im Fadenkreuz zu betrachten und ständig zu merken, wie man in sein Ziel hinein- und hinauswackelt. Oh ja, Jagdfieber überfällt mich. Ein dem Schüttelfrost ähnliches Zittergefühl. Mein Herz pocht im Halse. Das Blut rauscht. »Beweg dich endlich du Büffel« fluche ich in mich herein. »Achtung jetzt,« zischt J. Der Bulle hat eine kleine Drehung gemacht, so dass das Blatt halb spitz zu mir zeigt. Ich muss den Schuss sauber abgeben und habe nicht viel Zielfläche. Außerdem ist die Entfernung ziemlich weit. Ich steche und halte die Luft an. Der Schuss zerreißt die Abendstille. Überall flüchtet Wild in alle Richtungen davon. Getroffen? J. rennt 5 Schritte vor und reißt jubelnd die Arme hoch. »Liegt! Super Schuss!« ruft er mir zu. Ich bin fix und fertig und zittere am ganzen Körper. Ich muss mich in den Sand setzen und erst mal zu mir kommen. »Komm, auf zum Anschuß, der ist groß, lade mal durch,« fordert J. mich auf. Als wir uns nähern, höre ich diesen alten starken Gnubüffelbullen drei mal stark klagen. Mir schaudert ein wenig. Er schlegelt und versucht von uns wegzukommen. Ich scheine hochblatt getroffen und die Wirbelsäule angeschossen zu haben. Wir warten in sicherer Entfernung mit durchgeladener Waffe. Würde er noch mal hochzukommen versuchen, würden J. und ich sofort einen Fangschuss setzen können. Nach einigen Minuten ist keine Bewegung mehr erkennbar. Ein uralter Gnubulle mit Goldmedaillenmassen liegt vor mir. Der Büffel des kleinen Mannes ist gestreckt. Ein Berg von Fleisch liegt auch vor mir.

J. reicht den letzten Bissen und wir fotografieren den Moment. »Na also«, grinst J. »das ist ein Gnu, den kannst Du dir an die Wand hängen und allen sagen, der kommt von hier.« Keine Dose Bier hat mir bisher besser geschmeckt. Wir bergen den Bullen und fahren zur Farm heim. Lange feiern wir unsere Jagderfolge und die schöne unbeschwerte Zeit hier.

27. November – Tag 8

Abflug

6 Uhr, aufstehen. Da ich nicht weiß, ob das mit dem Einchecken alles problemlos klappt, will ich gerne zeitig am Flughafen sein. Eine Woche ist vorüber, eine Woche, die es in sich hatte. Der unglaubliche Jagderfolg ist sicherlich nicht normal. Schnell ziehe ich meine Sachen an, trinke im Stehen eine Tasse Kaffee und verabschiede mich herzlich von der Farmfamilie. J. bringt mich mit seinem VW- Bully zum Flughafen. Entgegen meines letztjährigen Aufenthaltes hatten wir dieses Jahr keinen einzigen Reifen zu wechseln. Das ist schon beachtlich, ob des steinigen Geländes im Revier und der steinigen Schotterpisten. Affen säumen unseren Weg und immer, wenn ich die Affenfamilien sehe, muss ich an uns Menschen denken. Sind sie unser Spiegel? Immerhin sind sie so intelligent, die vorbeifahrenden Autos mit einiger Entfernung zu betrachten. Das kann man von einer Herde Hartebeests nicht gerade sagen, die J. unmittelbar vors Auto springen und von denen einer noch beinahe bei uns in der Windschutzscheibe gelandet wäre. Das fehlte jetzt noch. Starke Rotten Warzenschweine und reife Kudubullen sehen mir ebenfalls nach und noch nie wusste ich bei einer Abreise aus einem Land so sicher, dass ich wiederkommen werde. Der Flughafen ist noch relativ leer und wir parken in der ersten Reihe. Die Rückflugschlange ist schon 80 Meter lang, die ich aber auch hier ignoriere und wie gewohnt lässig zum Business Schalter schlendere. Die Kofferaufgabe ist in 2 Minuten erledigt, da werde ich mit der Waffe zur Polizei geschickt. Hier wieder das gleiche Ritual wie beim Einchecken, Stempel auf Dokument, Waffenkoffer auf, Nummernkontrolle, Waffenkoffer zu, Vorgang erledigt. Ich lege den Waffenkoffer aufs Transportband der Business-Class und gehe mit J. Kaffee trinken. Das Zielfernrohr habe ich diesmal im Waffenkoffer gelassen, was keinerlei Probleme bereitet. Natürlich treffen wir im Flughafenrestaurant Bekannte von J., die mit derselben Maschine nach Deutschland fliegen. Eine perfekt Deutsch sprechende Schwarze ist damals als Kind in der DDR groß geworden, hiervon hat es einige Hundert gegeben. Ich staune wie so oft über die Sprachfertigkeit und das nebeneinander von drei oder mehr Sprachen im Alltag. Herzlich verabschiede ich mich von J. und seinem Sohn, der mich auch auf der Fahrt zum Flughafen begleitet hat. Da ich das Ausreiseformular schon auf der Farm ausgefüllt habe, bin ich schnell durch die Passkontrolle und kann entspannt der landenden Maschine zusehen, die mich wieder nach Hause bringen soll.

Zum unproblematischen Rückflug nach Düsseldorf gibt es nichts zu berichten. Meine Frau und die Kinder begrüßen mich stürmisch. Wir verlassen das Parkhaus, mein Handy klingelt, es regnet und wir stehen im Stau. Willkommen in Deutschland.

Das schöne Südwesterlied

Hart wie Kameldornholz ist unser Land
Und trocken sind seine Riviere.
Die Klippen, sie sind von der Sonne verbrannt
Und scheu sind im Busch die Tiere.|

: Und sollte man uns fragen:
Was hält euch denn hier fest?
Wir könnten nur sagen:
Wir lieben Südwest!:|

Doch unsre Liebe ist teuer bezahlt
Trotz allem, wir lassen dich nicht
Weil unsere Sorgen überstrahlt
Der Sonne hell leuchtendes Licht.|

: Und sollte man uns fragen:
Was hält euch denn hier fest?
Wir könnten nur sagen:
Wir lieben Südwest!:|

Und kommst du selber in unser Land
Und hast seine Weiten gesehen
Und hat unsre Sonne ins Herz dir gebrannt
Dann kannst du nicht wieder gehen.

: Und sollte man dich fragen:
Was hält dich denn hier fest?
Du könntest nur sagen:
Ich liebe Südwest!:|